LA BELLA DURMIENTE INSOMNE

Neritza Pinillos M.

COLECCIÓN ITES

LA BELLA DURMIENTE INSOMNE

© Neritza Pinillos M.
© Cubierta: Julien Telle
© de esta edición: Olé Libros, 2025

ISBN: 979-13-87951-06-1
Depósito legal: V-3674-2025
Impreso en España

KALOSINI, S. L.
Grupo editorial olélibros
equipo@olelibros.com
www.olelibros.com

Porque no había tenido el valor de honrarlos,
a mi padre y a mi madre

Dar la mano a alguien siempre fue lo que esperé de la alegría.
Muchas veces antes de dormir —en esa pequeña lucha por no perder
la conciencia y entrar en el mundo mayor—, muchas veces,
antes de tener el coraje de ir hacia la grandeza del sueño,
finjo que alguien me está dando la mano y entonces, voy...

CLARICE LISPECTOR
LA PASIÓN SEGÚN G. H.

Del insomnio a la Aurora

Dormidita estás más bonita

Cuando dices quédate a dormir
¿Es porque despierta resulto una incomodidad?
Cuando dices dulces sueños
¿Es porque sabes que todas las libertades
vienen de un amargo desvelo?
Cuando dices vigila
¿Es porque sabes que la calle es solitaria
y auspicia terrores nocturnos?
Duérmete niña duérmete ya
bella y durmiente por siempre jamás.

DON DE LÁGRIMAS

Dicen que si no parpadeas se te secan los ojos
Yo agito mis pestañas sin cesar
por eso tengo don de lágrimas
Preciso dejar un ojo abierto
para que no se estanque el dolor en el alma
Veo fijamente la llama de la vela
y velando me duelen los ojos
y anhelo el sopor
la veladura del sueño
que ya no podré tener
Mis dos ojos se cierran
el ojo del alma permanece abierto
como un vigía solitario
como un faro en lo oscuro
a veces empañado de agua salada.

RECURRENTE

Como un ánima en pena
apareces en mi sueño
recurrente
prístino
Un sueño es una emboscada del deseo
que reclama un espacio
en la vigilia
La espera que solo es ensoñación
se macera en los labios
amarga la boca
envenena los besos.

Sueño húmedo

Te amo en sueños
en los que eres otro
y yo puedo finalmente
apaciguar mi deseo
mi voz contestataria
y rendirme en tu diferencia
a tomarte como igual
Te amo lejos
cuando me hablas en sueños
y tu alma se revela en un susurro
y una lágrima de amor
se te escapa mientras duermes
y yo solo soy testigo
aunque no destinataria.

LETANÍAS

Despertar viva
Vivir durmiendo
Morir en vida
Esperar en vela
Velar el sueño
Soñar despierta
Despertar en sueños
Quedarse dormida
Vivir soñando
Aguardar la muerte
Morir despertando
Soñar vivamente
Vivirse vivo
Soñarse muerto
Desear el sueño eterno
Despertar a la muerte
Vivir siempre muriendo
Morir la siempreviva
Lo vivo muere siempre
La muerte revive eternamente.

VIGILIA DE LAS HORAS

Vísperas

El crepúsculo anuncia el despliegue de la noche
que todo lo devora sutilmente
cubre los mil ojos vigilantes de mi plumaje real
vela la agudeza de mi gran entendimiento
Libera las sombras que campan a sus anchas
sobre mi corazón temeroso
Dios mío, ven en mi auxilio
quiero atravesar la noche sin pertenecerle.

Completas

En esta mala hora en que no concilio el sueño
no hay palabra viva
Las palabras de la noche
son como espíritus que hostigan al insomne
No le dejan en paz y le roban el descanso eterno
En este pasaje nocturno soy un ánima sola
pero no lo suficiente como para querer morir
Hay un arcano sin nombre que reza en silencio
el rosario interminable de las horas
en espera paciente de mi rendición.

Maitines

Cuando se adentra la noche vuelvo a tener nueve años
Siento ganas de escribir y no sé cómo
Quiero decir una oración y no encuentro
el vocablo que nombre lo indecible
Eso que se conjura y no se sabe
eso que es apenas un susurro
una angustia arcaica
que por momentos casi alcanzo a pronunciar
Solo emerge esta tristeza de quedarme sin palabras
este silencio que solo Dios escucha y comprende
Señor, abre mis labios.

Laudes

Como yo
la noche también es frágil
se pincha en el tercer dedo
cierra los ojos y deja su guardia
Como yo
la noche es inescrutable
oscuridad a los ojos
sonoridad al oído
Como yo
la noche renuncia a la inmovilidad
se abre y muere herida de luz
se desangra en un ciclo sin fin
para ser otra en un instante santo.

AURORA

Llevo en mi nombre el sol naciente
el oro de occidente
las gracias apolíneas
la fuerza del comienzo
Por qué entonces me pesan los ojos
noctámbulos
cansados de mirar el mundo
Por qué siendo un retoño
me siento tan marchita
Hecha polvo
con el por-venir a cuestas

Despierto y miro a poniente
Cien años me han dejado un sueño lúcido
donde muere la inconciencia
el cuerpo y la esperanza
Envidio
a aquella que nunca he sido
el candor quinceañero que no tuve
la ignorancia de la propia soledad
Añoro
el descanso que discurre entre el olvido
el final de la condena de los días
aquella oscuridad de la que vengo.

Del príncipe y el beso

Pre-tensión

El pretendiente espera encontrarme
dormida
tendida
frágil
ignorante de mí misma
con precario equilibrio
Atisba a mirarme despierta
plantada
lista para la lucha
serpenteando con malicia
funámbula
Y como buen pretendiente
pretende
no mirarme de reojo
no recordar el camino
no darse cuenta de su absoluta cobardía
pereza
soberbia
tampoco de la mía
Se va
Yo me aburro
me echo la siesta.

Estrategia

Finjo dormir
para recordarte el amor perdido
para que te engañe la nostalgia
y la tomes por afecto
Lo apacible de la muerte
te conmueva
La belleza lánguida
te recuerde tu propia finitud
y en contraposición
una falsa omnipotencia
te empuje a darme el beso.

PUPILA

Me adelanté al nacer
Tendría que haber supuesto
que despertaría sola de besos
sin príncipe y a destiempo
Bella e insomne así le espero
al que se atreva a besarme
y soportar
la mirada afilada
de mis ojos abiertos.

MARGARITAS

Bebo margaritas a sorbos
me quiere no me quiere
Muestro mi peor cara
se queda no se queda
Desvelo lo necesitada que soy
me acepta no me acepta
Evalúo si es digno aspirante
me elije no me elije
Dudo de mi sinceridad
me miente no me miente
Busco una clasificación
soy la primera soy la última
Hago balance de ganancia y pérdida
me quiero más
me quiere menos
Siempre habrá números rojos
Estoy borracha perdida
a ver si así puedo dormir.

Durmiente e insomne

Amo al hombre que duerme a mi lado
indefenso
quieto
callado
Está lejos de ser un caballero
y yo de llevar vestido largo
Está aquí tan cerca
y yo tan alejada de ese mundo inaccesible
donde moran los durmientes
Despierta y sola
en medio de la noche
al lado de un cuerpo inmóvil
tan distante de mi sueño.

El beso mortal

Cuando me beses
haz que converjan todos los besos de amor
y mi cuerpo albergará a aquella
primera mujer
que se creyó amada
Seré jardín y templo
me santificaré en flor
entregaré mi néctar
Recibiré la bendición de tus labios dulces
tu lengua se abrirá paso
como la serpiente en el edén
y me seducirá otra vez
susurrándome al oído lo nunca escuchado
renunciaré al paraíso
presentiré el dolor
de la muerte por amor.

SOLITUD

Amar es descansar de la contienda
en otro cuerpo
darse tregua del mundo en un abrazo
saberse sostenido en todo el peso
del ser
soportar el silencio inescrutable
de la materia y el Espíritu
confiar en el asilo valiente
de quien nada me debe
Vislumbrar
que no tengo el privilegio de recostarme
sin ser una carga
que no tengo el beneficio de abandonarme
a ser amada
Y sin embargo comprender con ternura
que nadie sino yo
podrá contenerme en su amor.

1 Corintios 13

El amor es paciente y bondadoso
desposesión y compersión
El amor es impar
inclusivo y compasivo
de común unión y acuerdo
El amor es igualdad reverencial
verdad sentimiento y creación
fuente camino y energía
El amor es anárquico y comprometido
palabra acción y rendición
libertad y cuidado
va más allá de los amantes
amados amores y metamores
El amor es retícula no pirámide
pluripersonal polisémico
pero no metastásico
renovable e ineludible
No puede exhibirse cotizarse acumularse
se recibe todo y todo se da.

¿Qué tendrá la princesa?

SÍNTOMA

Visité a la bruja de la corte
Al tocar mi cabeza me dijo
tienes una punzada en la frente
lleno de bruma el pensamiento
una cruz sobre tu espalda
una opresión en el pecho
un nudo en la garganta
un agujero en el estómago
Miras hasta que te arden los ojos
La clarividencia no quita la angustia
deja tu goce *voyeur* y Escucha
solo entre tinieblas sabes de veras
Dormida esa noche lloré en sueños
Ya no me duele la frente
canto con los pájaros
hasta hacerme cabeza de chorlito
El corazón se desata
y la carga se hace liviana
Pero todavía tengo hambre
y sueño con el día de ser invitada
al banquete del Reino.

DUAL

Te veo brillar con el sol en los ojos
princesa
Con esa sonrisa fácil
que anuncia la primavera
ligera como papel de seda
entusiasmada con las cosas más simples
traslúcida como libélula
Te veo ondear al viento
de puntillas
Te miro y me miro
Comprendo
que hay bellas que se desvanecen en el aire
y su paso deja un halo dulce y perfumado
y hay bellas que somos esfinges
durmientes pétreas que evocan la muerte
guardianas celosas del enigma y la sombra
lánguidas como el mármol
Hastiadas de la ignorancia propia y ajena
con el fuego en los ojos que fulmina
atrae y aterra
Bellas de Tánatos.

Tres en una

Soy trina
niña madre bruja
Soy tripolar
negativa positiva neutra
Soy trielemental
agua fuego piedra
Soy tricíclica
menguante llena oscura
Soy triangular
recta aguda llana
Soy tricolor
negra blanca roja
Soy tridente
dos ojos de agua uno de fuego
Soy trifásica
durmiente insomne y entre medio.

MUJER

Señorita
no por doncella sino por estéril
llevo en mi vientre la soledad
de lo no nacido
Virgen
no por santa sino por incólume
por no permitirme el sometimiento
la cobardía la profanación
Flor
no por frágil sino por abierta disposición
a ser semilla y fruto
Mujer
no por mi sexo
sino por la opción inexorable
de acunar y sostener
mi propio vacío.

Dar fruto

Cuando el hijo de carne no llega
¿Cuál es el fruto del amor?
Cuando el pecho es tierra fértil
¿Qué semilla rompe en brote?
Si el sentimiento es el centro mismo de la vida
¿Cómo se preña el corazón?
Cuando el llamado no es biológico
¿Cómo sucede la unión?
No hay vida estéril ni seca
Si es fecundo el corazón.

AUSENTE

Encerrada en esta torre
tengo solo la potestad de ausentarme
en sueños
Pero cuando el desvelo se vuelve tirano
el único poder que realmente me queda
es poner en juego mi propia existencia
Mis días de lucha habrán terminado
entrego mi anhelo y mi desasosiego
devuelvo el don que me fue encomendado
sin margen de ganancia
Voy en pos del beso del ángel

Cuando ya no esté
inventa memorias que me escolten al olvido
mitos que te aparten del anhelo de encontrarnos
entrega mis nombres
canta canciones y escribe poemas
para ti
hazme con palabras como nunca podré ser
Déjame escapar

Y tu amor
tendrá el poder de liberar a los muertos
Volveré a ser barro
en el que la raíz del dolor
se pierda a tientas
y florezca el loto
Y la piedra muda no será lápida
ni la ausencia horroroso vacío
Cuando ya no esté.

PRINCESA

A Arturo, el niño rey

Me llaman princesa
innumerables veces
y yo me pregunto a qué se refieren
¿Acaso soy dulce cursi vulnerable?
¿incapaz de ocupar mis propios dominios?
¿postrada ante aquello que se espera de mí?
¿Acaso se puede ser una princesa herida?
¿a pesar de haber perdido la inocencia?
¿Una princesa triste sola rabiosa?
¿Una princesa vestida de acero
para la que nunca un logro es suficiente?
¿Se puede ser princesa sin reyes ni reino?
¿Una princesa destronada?
¿huérfana de ilusión y bonanza?
Me llaman princesa
y no me reconozco
pero hay en el fondo una vaga sospecha
oculta y punzante
detrás de mi enorme cabeza de piedra
Una niña dulce cursi vulnerable
sentada en un rincón detrás de la puerta
que espera mi abrazo
mi pecho desnudo
y oír de mi boca
te quiero, princesa.

El ocaso y la rueca

EDAD DE ORO

Hoy amanezco anciana
después de haber bebido
de la juventud de un inocente
Envejecer es estar dispuesta a aceptar
esta plenitud doliente de la soledad absoluta
este vacío implacable de todas las posibilidades
esta calma de poder morir en paz
que sin embargo no seca las lágrimas
sino que las revaloriza en talentos
Envejecer no es el ocaso de la vida
es el cenit del sol sobre nuestras blancas cabezas
una fiesta de recepción a la muerte.

El nido vacío

Dicen que el insomnio es cosa de viejos
Yo soy centenaria en este cuerpo joven
No puedo dormir sabiendo
ni esperar durmiendo
in-grávida
el tiempo se acaba
No recibiré la gracia de Danae
en mi torre de bronce
Renuncié desde siempre a ese patrimonio
Me queda
solamente
el hilo de Ariadna
para tejer un abrigo de mi abandono
y la copa de vino siempre rebosante
que llene el vacío que deja la sangre
el hueco perpetuo
la grieta seca.

Peregrina

Despierto en el crepúsculo del día
me pongo en marcha
La noche me brinda siempre
pupilas abiertas
claros de luna
luciérnagas y penumbras
A paso de estrella
camino de noche
en pos de una aurora
que en mi vida nocturna no he visto nunca
La luz del primer átomo
que permanece dormida
en la memoria de los astros
La misma luz que fui hace tanto
y que otros miran en otro tiempo
Mientras de noche
a paso de estrella
sigo avanzando en mis adentros.

ANTIGUO AMOR

Me baño de sol
Me visto los ojos de verde
Me peino con ternura los cabellos plateados
Pacientemente
para desenredar mis pensamientos
Y están allí las manos de mi madre y de mi abuela
deslizando el peine sobre mi cabeza
Suspiro margaritas recién regadas
por un jardinero fiel a su oficio
de hacer florecer todo lo que toca
Ya no es necesario deshojarlas para saber
sin duda me quiero.

SENECTUD

Sentada al sol en mi sillita
con los lentes bien puestos
deslizo la mirada por la letra y sus silencios
y puedo predecir mi destino
La tibieza que abraza y conforta
disuelve el desasosiego
Paso del atuendo al desnudo sin intemperie
La luz pesa levemente en los párpados
entreveo intuyo presagio el encuentro
con Eso que siempre estuvo
El pensamiento humilde
el sentimiento calmo
el merecimiento
Me reconozco soberana de mis territorios
la escritura de Dios en los surcos de mi rostro
la belleza de las formas maduradas
la fuerza de la sangre
el sudor de la frente
Paso de la lucha al reinado
la sumisión al peso de los huesos
la acogida de la criatura que soy
el fin de las demostraciones
el pájaro que vuela y la garganta que canta
Y ese presentimiento del sutil obrar
que tiene por si sola la vida en lo encubierto
con total justicia y paz
Así da gusto envejecer.

Plegaria

Que mi nombre se aligere
que deje de nombrarme
que se aproxime en silencio
a lo que no alcanza a decir
Que no se encariñe con el monolito
de mi historia y procedencia
Que mi nombre no sea yo
que nombre la piedra
el fuego el árbol el agua
la noche constelada
Que su entrega sirva para destronar a Cronos
y me permita el regreso
hacia mí misma
sin edades
ni afanes.

EL JARDÍN

A Olga, la encantadora de serpientes

En un patio de palacio hay un jardín interior
Somos flores impolutas
plantadas en el miedo, la culpa y el deseo
Flores carnosas flores carnívoras
flores acuosas sinuosas y pretensiosas
Flores sin sexo pero sexuales
Frágiles y desnudas
por las que el sol ya no nace ni muere
condenadas al blanco perpetuo
de la vacuidad
Somos inflorescencia de última hora
refugiados damnificados condenados
feligreses pacientes desdichados
migrantes náufragos *sapiens*
mamíferos mendigos de amor
Y en nuestra íntima pobreza
alcanzamos nuestro Reino
que ya no es animal vegetal o mineral
sino incesante donación y recepción
Nos dignificamos haciendo de la piel patria
Nos sacrificamos entregando los cuerpos
al calor del fuego lento y cadencioso
Nos redimimos evadiendo la sentencia
del ojo penetrante que condena
Nos santificamos en un acto amatorio
en el que restituimos la pureza
y ganamos la partida a la violencia
declarándonos rendidos

Porque no hay nada que ganar
en el instante de la muerte
Porque ante el inminente fin
solo queda la libre elección
de ser
en nuestra finitud
e inevitable gravedad
absolutamente amados.

Rueca y telar

En este torno vertical voy hilando mi destino
hay en el urdir de mis manos
el sueño del corazón libertario
hay en la tensión del hilo la lucha
por cumplir el designio supremo
La rueda gira sin parar
hacia el eterno retorno

En incesante gesto repetido
aspiramos a la guía de la urdimbre
y en el contrahílo a la llave
de la prisión custodiada
por la nostalgia y la ambición

Liberarnos de la propensión
a las tramas intrincadas del mundo
el personaje
la escena
la moraleja
En cada giro soy nada
caigo en el abismo en duermevela
y me resisto despertando estremecida

Tejiendo buscamos la revelación
el diseño
la potestad de aceptar
la fuerza extraordinaria de la propia necesidad
la condición de existir y de ser parte
de abandonarse a la red indescifrable
de la gran Tejedora
La red que todos hilamos juntos
por los siglos de los siglos.

ÍNDICE

Del insomnio a la Aurora

Del príncipe y el beso

¿Qué tendrá la princesa?

El ocaso y la rueca